SoPS

RAPPORT

A SON EXCELLENCE M. LE COMTE DE SALVANDY,

MINISTRE DE L'INSTRUCTION PUBLIQUE,

SUR

L'ORGANISATION DU PERSONNEL,

LA RECONSTRUCTION DU MONUMENT

et la Rédaction du Catalogue de la Bibliothèque royale.

Par **J. PAUTET, DU ROZIER**,

Bibliothécaire.

MARS 1847.

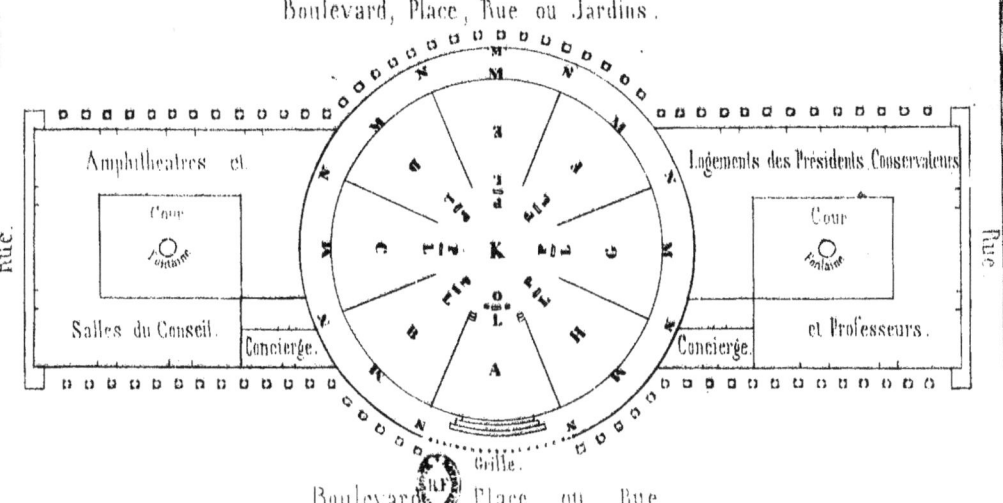

J'apprends que son Excellence M. le Ministre de l'Instruction publique, toujours préoccupé de tout ce qui se rattache aux études, de tout ce qui peut les faciliter, les populariser et les étendre, fait examiner en ce moment divers projets de reconstruction de la Bibliothèque royale, de rédaction du catalogue et de réorganisation du personnel de ce somptueux dépôt bibliographique, le plus magnifique, le plus riche du monde.

Je crois donc le moment venu de demander à son Excellence la permission de lui soumettre les plans que j'ai mûris depuis dix ans que j'exerce les fonctions de bibliothécaire. Ils se rattachent à trois ordres d'idées : 1° L'organisation du personnel du corps bibliographique; 2° La reconstruction, basée sur cette organisation; 3° La rédaction du catalogue.

§ 1ᵉʳ.

Organisation du personnel du corps bibliographique.

Toute la science humaine est consignée dans les livres et les manuscrits, et le plus riche dépôt de ces précieux témoins du travail successif des âges, alors que les études du passé ont pris l'importance et la place qui leur est due demande à être mis, dans les conditions les plus sûres de conservation et d'utilité, sous la surveillance d'un corps spécial de savants *spéciaux*.

Comment, en effet, supposer une tête assez encyclopédique, une conception d'ensemble assez vaste, fût-ce même celle d'un Georges Cuvier, pour avoir un amour égal, une intelligence complète de toutes les parties distantes de l'une seulement des cinq branches de l'arbre bibliographique; cela est impossible ; à plus forte raison, quel est l'Atlas capable de porter à lui seul le monde bibliographique tout entier ? Il n'en existe pas. Partant de cette impossibilité reconnue, comprenant que cet homme universel n'existe pas, j'ai pensé à une organisation fractionnaire, rationnelle et logique du corps bibliographique, qui réalise cependant, avec plusieurs, l'unité qui naîtrait de ce phénomène scientifique impossible, en lui donnant, par des *assesseurs spéciaux* dans chaque division, la puissance qu'un seul ne saurait avoir.

Frappé de la nécessité où nos rois et nos ducs souverains, ces nobles ascendants du pouvoir public, ont été de créer promptement des *Parlements* et des *Chambres des comptes* où le travail judiciaire et le travail financier recevaient une organisation rationnelle *par la division*, j'ai voulu, maintenant que nous possédons pour nous, pour l'Europe, pour le monde, le plus magnifique dépôt de livres qui ait jamais été, et dont nous sommes comptables à la postérité, j'ai voulu que le travail bibliographique fût soumis, lui aussi, à la *division*, ce grand secret de perfection humaine dans les œuvres d'ici-bas.

J'organise donc le corps bibliographique de manière à avoir des *spécialités* sous la direction d'un homme dont la force de généralisation est puissante, qui ne délaique aucune science, qui comprend l'importance de chacune, et qui ne va pas, se plaçant sur les confins du Droit, jeter le dédain aux Lettres, montant aux sommets de l'histoire, conspuer les Sciences et les Arts, abordant les sommités de la Théologie, crier anathème à ce qui n'est pas écrit en vue de Dieu.

Je donne à cet officier le titre de *Premier Président* du corps bibliographique, et je lui assigne une place à part dans le palais dont j'offre le plan O; il est assisté d'un Vice-Président et d'un Secrétaire. Son inspection s'exerce sur l'ensemble des choses, et sa place est tellement calculée qu'il les surveille *matériellement* aussi bien que *moralement*.

Le premier Président a sous ses ordres sept Présidents spéciaux, indépendants les uns des autres, égaux entre eux, chaque section ayant la même importance, et qui ne relèvent que du Premier Président.

Ces sept officiers, tous spéciaux dans leurs études, président aux divisions de *Théologie*, de *Jurisprudence*, des *Sciences et Arts*, des *Lettres*, de l'*Histoire*, des *Manuscrits*, des *Médailles et Antiques*, etc.

Ce système de classification bibliographique, on le comprend, pourrait être facilement modifié; mais j'ai préféré adopter cet ordre, parce qu'il est rationnel et logique.

Le PRÉSIDENT *de la Théologie* a sous ses ordres quatre conservateurs bibliothécaires spéciaux, chargés :

Le premier, des livres qui renferment les *Saintes Écritures*, la *Liturgie* et les *Conciles*;

Le deuxième, des ouvrages des *saints Pères* et des *Théologiens*, et de ceux qui les combattent;

Le troisième, des livres des *Théologiens séparés* de l'Église romaine;

Le quatrième, des livres de la religion *judaïque* et des religions *orientales*.

Contraste insuffisant
NF Z 43-120-14

Le Président *de la Jurisprudence* a sous ses ordres deux conservateurs bibliothécaires spéciaux chargés :

Le premier, du *Droit de la Nature et des Gens*, du *Droit politique*, du *Droit civil et criminel* ;

Le deuxième, du *Droit ecclésiastique ou canonique*.

Le Président *des Sciences et Arts* a sous ses ordres quatre conservateurs bibliothécaires :

Le premier, pour les *Sciences philosophiques* ;

Le deuxième, pour les *Sciences physiques, chimiques, naturelles et médicales* ;

Le troisième, pour les *Sciences mathématiques* ;

Le quatrième, pour les *Arts d'imagination et mécaniques*.

Le Président *des Belles-Lettres* a sous ses ordres cinq conservateurs bibliothécaires spéciaux :

Le premier, pour la *Linguistique* et la *Rhétorique* ;

Le deuxième, pour la *Poésie*, les *Fictions* en prose et les *Facéties* ;

Le troisième, pour la *Philologie*, les *Dialogues et Entretiens*, et les *Épistolaires* ;

Le quatrième, pour les *Polygraphes* ;

Le cinquième, pour les *Journaux, Collections* et *Mélanges*.

Le Président *de l'Histoire* a sous ses ordres quatre conservateurs bibliothécaires :

Le premier, pour les *Prolégomènes historiques*, *l'Histoire universelle, ancienne et moderne* ;

Le deuxième, pour *l'Histoire ecclésiastique*, *l'Histoire des religions et des superstitions* ;

Le troisième, pour *l'Histoire ancienne* et *l'Histoire moderne* ;

Le quatrième, pour *l'Histoire de France*.

Le Président *de la division des Manuscrits* a cinq conservateurs sous ses ordres.

Le Président *de la division des Médailles et Antiques, Estampes, Cartes et Plans*, a cinq conservateurs sous ses ordres.

Le personnel peut être complété par un économe, un architecte, un libraire.

Considérant les cours ouverts à la Bibliothèque comme l'utile complément de ce bel établissement, je donne place dans le Parlement bibliographique à un corps de professeurs d'antiquité, de turc, d'arabe, de persan, d'arménien, de chinois, d'hindoustani, de grec moderne, de malais, de javanais; cours qui ne font point partie de l'enseignement universitaire et qui doivent cependant contribuer à la splendeur des études dans la capitale de la France.

Avec une pareille organisation du corps bibliographique, avec une semblable application de la *spécialité* reliée par l'unité présidentielle, unité qui par son pouvoir modérateur empêcherait la prédominance de telle ou telle faculté, de telle ou telle idée despotique, soit dans les sciences, soit dans les lettres, soit dans la théologie, en effaçant telles collections d'ouvrages, et mettant en relief de préférence telle autre; avec une pareille organisation, dis-je, on arriverait à placer chaque division des richesses bibliographiques sous un chef capable de la comprendre, et de la faire connaître et comprendre dans tous ses détails.

A coup sûr, les hommes *généraux* que l'on nomme, sont fort capables d'être conservateurs de l'ensemble; ce sont des savants du premier ordre. Mais ils doivent être consacrés à leur spécialité; sans cela, il y a confusion, anarchie.

Par mon système, quiconque veut faire des recherches, met la main sur l'homme spécial qui s'occupe des mêmes idées que lui, qui en cherche comme lui le développement et qui fouille dans les livres consacrés aux mêmes besoins.

Si des lacunes existent, et, il faut le dire, il en existe même à la Bibliothèque royale, chaque spécialité s'occupe de les combler, et y peut parvenir car il n'a qu'une branche à pourvoir, et non pas cent, comme maintenant.

Toute demande de complément passe par la filière des présidents pour arriver au premier président, et de là au ministre.

Les conservateurs de divisions relèvent de leur président, homme spécial, qui embrasse déjà les détails avec une vue d'ensemble, et les présidents portent à la connaissance du *premier*, dont la vue d'ensemble est encore plus large. Ainsi, dans cette organisation de mon *parlement bibliographique*, ce vaste dépôt de nos richesses n'est plus un chaos inextricable; la *division*, qui est ici l'*ordre*, y a jeté la *lumière*.

Mais, pour compléter ma pensée, il faudrait que le palais fût approprié à la classification et à l'organisation du personnel; certes, le travail de M. Visconti doit être remarquable; mais M. Visconti s'est-il préoccupé d'une idée bibliographique, est-il parti d'un point scientifique arrêté? M. Visconti est un architecte savant et habile, je le reconnais; mais est-il bibliographe? Quant à moi, je ne suis point architecte, mais je suis bibliographe. Mon idée adoptée, l'architecte serait appelé à la compléter, à l'embellir, à l'orner; mais l'idée fondamentale du plan doit être *bibliographique*, je le soutiens.

§ II.

Reconstruction de la Bibliothèque.

La première idée qui doit frapper à ce mot de *biblio-*

thèque, pris comme exprimant le local, le monument, c'est l'isolement complet, pour éviter les causes d'incendie et les désordres et pillages qui peuvent naître des révolutions; la seconde, c'est celle de l'établissement loin du centre de l'immense cité, pour ôter les chances de désordre. Dans les bouleversements politiques, l'idée ne viendra jamais d'attaquer la Bibliothèque pour la bibliothèque, sans doute; à quoi bon? Mais on peut en faire une salle d'armes, une caserne, une citadelle provisoire; les partis usent de tout; il faut donc établir la bibliothèque loin du centre actif de la ville, loin du tumulte de la place.

Cette idée admise ou rejetée, reste le plan par lui-même qui peut comporter l'isolement dans les deux cas; voici celui que j'ai imaginé :

Un immense péristyle à l'égyptienne (1) coupé par une immense rotonde d'un diamètre double du cycle, dont la chambre des députés n'est que l'hémicycle, me semble imposant et digne. La rotonde est partagée en huit rayons qui aboutissent à une coupole K, éclairée d'en haut, comme les rayons. *(Voir le plan.)*

Les rayons n'ouvrent que dans l'intérieur et dans leur partie rétrécie L; cependant ils ont des *portes de secours* en fer à l'extrémité évasée M. Ces portes donnent sur un *chemin d'isolement* N, et dans un cas de sinistre, elles offrent à l'instant huit issues utiles; car en cas d'incendie il faut *enlever*, l'eau étant presque aussi mortelle aux livres que le feu.

Le premier rayon A est le vestibule et l'entrée, décorés comme je pourrai le dire dans un autre travail; le rayon B est celui de la *Théologie*; le rayon C, celui de la *Juris-*

---

(1) L'ordre égyptien si solide, si imposant par ses masses, si mystérieux et si profond, me semble le seul digne d'être adopté.

prudence; le rayon D, celui des *Sciences et Arts*; le rayon E, celui des *Lettres*; le rayon F, celui de l'*Histoire*; le rayon G, celui de la division des *Manuscrits*; le rayon H, celui de la division des *Médailles* et *Antiques*, *Cartes et Plans*.

A droite et à gauche sont deux ailes à trois étages, séparées du dépôt par *le chemin d'isolement*; dans ces deux ailes pareilles se trouvent les amphithéâtres pour les cours, les deux chambres du conseil, les logements des présidents, conservateurs et professeurs, et celui du concierge, etc. Dans les caves des ailes, et non dans celle de la rotonde, se trouvent les calorifères à vapeur. Aucun foyer ne doit exister dans la rotonde, le concierge est en dehors; le milieu de chaque aile est occupé par une cour, et le centre de la cour par une fontaine.

Les trois étages des ailes répondent aux trois premiers étages de galeries superposées dans la rotonde. Pour recevoir les livres, la rotonde, plus élevée que les ailes, a quatre étages de galeries supportées par des consoles de fer avec des escaliers de même.

De cette division naît le placement des officiers, au centre de la rotonde; adossés au mur du vestibule, se trouvent les fauteuils du premier président O, du vice-président et du secrétaire ; les officiers peuvent ainsi promener leurs regards dans tous les rayons; à chaque naissance de ceux-ci se placent les présidents de chaque division P; les conservateurs-bibliothécaires, sous-bibliothécaires et employés, sont en activité dans chaque rayon.

Le lecteur, en arrivant sous la coupole, voit au-dessus des immenses pleins-cintres de chaque rayon, non-seulement le nom de la faculté dont il a besoin, mais encore une foule de symboles qui marquent sa voie. Il se dirige sans incertitude, et sûr de trouver ce qu'il cherche en *hommes* et en *livres*.

Tout le monument est couronné de statues d'hommes célèbres dans les sept facultés, mais en évitant les ornements qui symbolisent trop la politique, et les noms trop chers ou trop odieux aux partis souvent injustes et toujours iconoclastes.

Le palais bibliographique est le monument neutre par excellence; c'est le sanctuaire, le domaine de tous; c'est l'immense arsenal de tous les combattants intellectuels. Quelle richesse infinie de détails pour le sculpteur et pour le peintre !

Dans l'une des deux ailes se trouvent deux amphithéâtres pour les cours, et deux salles de conseil, l'une pour toutes les divisions réunies, avec leurs présidents, sous la direction du premier président; l'autre pour chaque division et son président spécial, afin de pouvoir statuer sur tout ce qui concerne l'établissement, répondre aux questions du ministre, faire marcher le catalogue perpétuel, assurer les services, et contrôler.

§ III.

De la rédaction du Catalogue.

Dans un immense dépôt bibliographique, comme celui de la Bibliothèque royale, le désordre se glisse avec tant de facilité que bientôt il n'y a plus établissement scientifique, mais entassement de livres et chaos. Le remède à cet état de choses, c'est un catalogue; mais comment procéder à cet immense travail, qu'on appelle un catalogue, dans un dépôt composé d'un nombre si considérable de volumes. A mon sens, rien n'est plus facile, et une expérience de dix ans m'a mis sur la voie de la pensée fondamentale vraie. Cette pensée fondamentale vraie, c'est la *perpétuité*

Comment arriver à cette perpétuité du catalogue, c'est-à-dire, comment éviter les suppléments? cette mort de tout catalogue; c'est encore par la *division*, et surtout par le numérotage en catalogue, comme je vais le démontrer par un exemple dans un instant.

Mais faudra-t-il écrire des bulletins sur cartes? on peut s'en passer, c'est un travail que l'on peut éviter; dans la bibliothèque de 40,000 volumes qui m'est confiée, j'en ai pour les anciens ouvrages, mais je n'en fais plus; je rédige immédiatement les titres d'ouvrages qui m'arrivent dans les catalogues mêmes.

Les catalogues doivent avoir leurs facultés, divisions, subdivisions, sections et sous-sections tout établies d'avance, avec leurs titres indiqués au-dessus de *chaque page*; j'ai déjà eu l'honneur de proposer ce mode à l'un des prédécesseurs de Son Excellence; mon rapport doit être attaché à mon dossier, au Ministère de l'instruction publique; il faut bien se garder d'adopter un numérotage par chaque faculté, encore moins pour toutes les facultés réunies; il faut au contraire ne numéroter que la fraction la plus minime des divisions.

Prenons un exemple : Faculté des *Sciences et Arts*, division des *Sciences philosophiques*, subdivision de l'*Application de la Morale*, section de l'*Économie politique*; ce n'est pas dans ces fractionnements que je prendrai mon numérotage, car il y aurait bien vite confusion à l'arrivée du premier ouvrage nouveau sur la matière; que serait-ce s'il arrivait vingt ou trente ouvrages par an sur le même sujet de l'économie politique? En effet, la *Navigation* intérieure se trouverait à côté des *Finances* et des *Monnaies*, les *Applications à l'Administration publique* toucheraient l'*Industrie* et les *Manufactures*; tandis qu'en adoptant des sous-sections ainsi échelonnées : 1° Histoire de l'Économie politique, Dictionnaires et Collections de cette science; 2° Principes généraux et Cours publics; 3° Applications à l'Administration publique; 4° Population, Subsistances, Paupérisme, Mendicité, Établissements d'humanité, Prisons et Systèmes sur les Pénitenciers; 5° Industrie, Association, Luxe; 6° Finances, Crédit public, Monnaies; 7° Commerce, Banque, Manufactures; 8° Colonies; 9° Navigation intérieure; 10 Statistique; tandis qu'en adoptant, dis-je, ces sous-sections et en donnant un numérotage nouveau aux livres de chacune de ces sous-sections, quel que soit le nombre de volumes qui arrivent chaque année, il n'y a pas un seul numéro *bis*, pas un seul ouvrage porté en supplément, chacun est inscrit à son arrivée au *Catalogue perpétuel*.

J'avais déjà émis ces idées dans un précédent rapport à l'un des prédécesseurs de Son Excellence, mais avec moins de détails, et j'abrège encore même considérablement aujourd'hui.

Pour devenir perpétuel, le Catalogue doit être aussi numéroté par sous-sections, on doit avoir des feuilles intercalaires à têtes imprimées. Ce serait le moyen d'imposer à tout le royaume la même classification.

L'ancien numérotage général est irrationnel; le numérotage par faculté l'est de même, puisque *chaque livre* nouveau qui apparaît rompt la série, oblige à multiplier le même chiffre, ou met dans la nécessité d'ouvrir des *suppléments*, ce qui à l'instant même rend le catalogue incomplet.

Au moyen du système que je propose et que je pratique depuis dix ans, dans une bibliothèque de 40,000 volumes, que j'ai reçus dans le plus affreux désordre, et que j'ai classés et transportés d'un local dans un autre, avec une méthode simple, facile et rapide, toute confusion est évitée, et le Catalogue devient *perpétuel*.

Si l'on veut imprimer le Catalogue, on le peut de même avec la même facilité, et chaque homme studieux peut se procurer (1) la partie qui l'intéresse. Au moyen de l'impression, l'Europe entière, le monde, peuvent savoir à distance quelles richesses possède la Bibliothèque royale. Il n'y a point de suppléments, mais des *compléments* annuels, tous classés et susceptibles d'être intercalés dans les reliures mobiles, sans rompre les séries du numérotage.

Les bornes d'un rapport ne me permettent pas de donner à mes descriptions tous les détails qu'elles comportent ; je suis à regret dans la nécessité d'écourter mes indications et de les rendre peut-être obscures, alors qu'elles sont si nettes et si claires dans mon esprit.

J'éprouvais le besoin d'exposer mes plans à Son Excellence, au moment où elle s'occupe avec un zèle si éclairé et si digne d'éloge de ce qui concerne les études et spécialement le magnifique dépôt qui est la base, le fondement de toute étude.

Et puis c'était un devoir pour moi, que ma position a mis à même de chercher des voies nouvelles, simples et rationnelles pour le classement d'une bibliothèque déjà importante, et où toutes les facultés sont représentées ; c'était un devoir de donner mes idées pour la réorganisation du colossal dépôt, qui, fractionné, du reste, et classé par spécialités, perd à l'instant même de ses immenses proportions.

Il faut, pour accomplir l'œuvre projetée, des hommes spéciaux, actifs, ardents au travail, et qui se consacrent sans préoccupations à cet immense mais facile labeur.

Son Excellence considérera que ces projets sont appli-

---

(1) Source considérable de revenus pour l'Établissement, qui finirait par ne rien coûter à l'État.

ables à toutes les bibliothèques publiques du royaume, en en réduisant les dimensions, c'est donc un pas de plus vers l'unité, toujours si désirable.

Son Excellence daignera t-elle agréer la nouvelle expression du profond respect

De celui qui a l'honneur d'être son très-humble
et très-obéissant serviteur,

Jules **PAUTET, DU ROZIER**.

De la Société des gens de lettres de Paris, des Académies de Dijon, Besançon, Autun, Chalon, de la Société littéraire de Lyon, de la Commission des Antiquités de la Côte-d'Or, de la Société pour la Conservation des monuments historiques, secrétaire du Congrès scientifique de France aux sessions de Besançon et de Lyon, ancien sous-bibliothécaire de l'Académie de Dijon, bibliothécaire de la ville de Beaune.

Beaune (Côte-d'Or), le 1er mars 1187.

Si l'on veut imprimer le Catalogue, on le peut de même avec la même facilité, et chaque homme studieux peut se procurer de la partie qui l'intéresse. Au moyen de l'impression, l'Europe entière, le monde, peuvent savoir à distance quelles richesses possède la Bibliothèque royale. Il n'y a point de suppléments, mais des *compléments* annuels, tous classés et susceptibles d'être intercalés dans les reliures mobiles, sans rompre les séries du numérotage.

Les bornes d'un rapport ne me permettent pas de donner à mes descriptions tous les détails qu'elles comportent; je suis à regret dans la nécessité d'écourter mes indications et de les rendre peut-être obscures, alors qu'elles sont si nettes et si claires dans mon esprit.

J'éprouvais le besoin d'exposer mes plans à Son Excellence, au moment où elle s'occupe avec un zèle si éclairé et si digne d'éloge de ce qui concerne les études et spécialement le magnifique dépôt qui est la base, le fondement de toute étude.

Et puis c'était un devoir pour moi, que ma position a mis à même de chercher des voies nouvelles, simples et rationnelles pour le classement d'une bibliothèque déjà importante, et où toutes les facultés sont représentées; c'était un devoir de donner mes idées pour la réorganisation du colossal dépôt, qui, fractionné, du reste, et classé par spécialités, perd à l'instant même de ses immenses proportions.

Il faut, pour accomplir l'œuvre projetée, des hommes spéciaux, actifs, ardents au travail, et qui se consacrent sans préoccupations à cet immense mais facile labeur.

Son Excellence considérera que ces projets sont appli-

---

(1) Source considérable de revenus pour l'établissement, qui finirait par ne rien coûter à l'Etat.

cables à toutes les bibliothèques publiques du royaume en en réduisant les dimensions, c'est donc un pas de plus vers l'unité, toujours si désirable.

Son Excellence daignera-t-elle agréer la nouvelle expression du profond respect

De celui qui a l'honneur d'être son très-humble et très-obéissant serviteur,

Jules **PAUTET, DU ROZIER**,

De la Société des gens de lettres de Paris, des Académies de Dijon, Besançon, Autun, Chalon, de la Société littéraire de Lyon, de la Commission des Antiquités de la Côte-d'Or, de la Société pour la Conservation des monuments historiques, secrétaire du Congrès scientifique de France aux sessions de Besançon et de Lyon, ancien sous-bibliothécaire de l'Académie de Dijon, bibliothécaire de la ville de Beaune.

Beaune (Côte-d'Or), le 1er mars 1487

Beaune, imp. de Blondeau-Dejussieu.

www.ingramcontent.com/pod-product-compliance
Lightning Source LLC
Chambersburg PA
CBHW060900050426
42453CB00011B/2057